Classici itali

Giovanni Pascoli

Poesie

a cura di Franco Biotti

Bonacci Editore

I diritti di traduzione, di memorizzazione elettronica, di riproduzione e di adattamento totale o parziale, con qualsiasi mezzo (compresi i microfilm e le copie fotostatiche), sono riservati per tutti i paesi.

Printed in Italy

Bonacci editore

Via Paolo Mercuri, 8 - 00193 Roma
(ITALIA)
tel. 06/68.30.00.04 − fax 06/68.80.63.82
e-mail: bonacci@flashnet.it

© Bonacci editore, Roma 1995
ISBN 88-7573-307-4

INTRODUZIONE

Giovanni Pascoli rappresenta un momento di passaggio molto importante nella poesia italiana tra Ottocento e Novecento. Nella sua opera troviamo tradizione e innovazione, vecchio e nuovo ed è per questo che c'è chi lo ha definito l'ultimo dei poeti classici e il primo, in Italia, dei moderni. Ciò che affascina nella sua poesia è da un lato la sintassi frantumata e l'uso di un linguaggio suggestivo fatto talvolta di nomi propri e termini tecnici, talvolta di parole basse e popolari; dall'altro il ritmo del verso, del tutto nuovo, che sembra rivolgersi, nella difesa della natura, della campagna e del «nido», più all'anima che non all'orecchio. Dice il Pascoli nella prefazione ad una delle sue raccolte di poesie:
«Vorrei che pensaste con me che il mistero, nella vita, è grande, e che il meglio che ci sia da fare, è quello di stare stretti più che si possa agli altri, cui il medesimo mistero affanna e spaura. E vorrei invitarvi alla campagna».

Lo scopo di questa raccolta è quello di presentare questo importante poeta agli studenti stranieri. Per questo motivo ogni poesia è preceduta da una breve introduzione e, a fronte del testo originale, si trova una parafrasi in italiano semplice. Oltre alla parafrasi si trovano note linguistiche e critiche allo scopo di stimolare la riflessione. Alla fine del volume è possibile trovare una breve nota biografica e critica.

ROMAGNA

a Severino

Romagna è tra le più celebri poesie del Pascoli ed il suo primo grande successo. Stampata per la prima volta nel 1882 sulla rivista romana «Cronaca bizantina», verrà inserita dal Pascoli nella raccolta *Myricae* all'inizio del capitolo intitolato *Ricordi*. Il poeta parte da un sentimento di profonda nostalgia; nostalgia di un paese a cui egli non potrà più tornare se non nel ricordo. La precisione con cui vengono descritti i particolari sembra trasformare il ricordo in momentanea realtà, la nostalgia in speranza e quasi in certezza di trovarsi nel paese tanto amato. Ma quanto più le parole concretizzano il ricordo tanto più cresce nel poeta la coscienza e consapevolezza che quelle immagini, quei ricordi, non sono al-

1-4. È probabile che il «villaggio» a cui si riferisce il Pascoli sia San Mauro di Romagna, oggi San Mauro Pascoli, dove il poeta nacque il 31 dicembre 1855 e dove passò l'infanzia. Severino, a cui la poesia è dedicata, è Severino Ferrari, amico del poeta. Il «villaggio» può anche essere interpretato nel senso dei «villaggi della Romagna». «Il paese» è, naturalmente, la Romagna da cui è

Sempre un villaggio, sempre una
  [campagna
mi ride al cuore (o piange), Severino:
il paese ove, andando, ci accompagna
l'azzurra visïon di San Marino:

5 sempre mi torna al cuore il mio paese
cui regnarono Guidi e Malatesta,
cui tenne pure il Passator cortese,
re della strada, re della foresta.

Là nelle stoppie dove singhiozzando
10 va la tacchina con l'altrui covata,
presso gli stagni lustreggianti, quando
lenta vi guazza l'anatra iridata,

oh! fossi io teco; e perderci nel verde,
e di tra gli olmi, nido alle ghiandaie,
15 gettarci l'urlo che lungi si perde
dentro il meridïano ozio dell'aie;

tro che illusione e desiderio irrealizzabile. I tempi dei verbi in cui si articola la poesia evidenziano i diversi stati d'animo: dapprima il presente con cui si aprono le prime scene; poi l'imperfetto che anticipa il passato remoto con cui si racconta il fatto che ha impedito al passato di avere una continuità; infine il futuro predittivo che esprime l'impossibilità di ritornare nell'amatissima Romagna. Nella poesia sono presenti molti dei temi cari al Pascoli e che ritroveremo in altre poesie: i colori della natura, la campagna romagnola, il lavoro contadino, il tema del «nido», il mistero della vita e della morte.

Il villaggio e la campagna, che si trovano nella regione da dove, attraversandola, è possibile vedere San Marino confuso tra l'azzurro del cielo, destano in me ricordi ora felici ora tristi, mio caro Severino; il mio paese, dominato dai Guidi e dai Malatesta e dove il Passatore esercitò il suo potere sia per le strade che nelle foreste, mi torna sempre al cuore.

Oh Severino! vorrei essere con te, là nei campi dove piangendo va la tacchina covando le uova degli altri, presso gli stagni luccicanti dove si bagna l'anatra dalle piume variopinte; e vorrei perdermi con te nel verde, e fra gli olmi, dove fanno il nido quegli uccelli chiamati ghiandaie, chiamarci con urli che si perdono lontano, fin dentro il silenzio dell'ozio pomeridiano dell'aie; mentre il contadino prende dalle spalle incurvate dalla fatica la falce e afferra la scodella, e il

possibile vedere il monte in cui sorge San Marino.

5-8. I Guidi e i Malatesta furono due famiglie nobili che dominarono in alcuni centri della Romagna, i primi nei secoli XIII-XVI e i secondi dal 1295 al 1528. Il Passatore fu un noto brigante romagnolo (1824-1851). Il Pascoli lo definisce «cortese», cioè gentile, generoso, perché famosa era la sua bontà e prodigalità verso i poveri.

ROMAGNA

9-12. Il verso del tacchino è il gloglottio. È un verso simile ad un singhiozzo. La tacchina cova anche le uova di gallina e ne cura i pulcini («l'altrui covata»).

13-16. Tutta la strofa esprime il forte desiderio del Pascoli di ritornare al suo verde paese, di rivedere l'amico (notate: «perderci nel verde», «gettarci l'urlo»). Ma l'esclamativa iniziale, con l'uso del congiuntivo, evidenzia subito l'impossibilità di realizzare questo desiderio.

20. La «lupinella» è una pianta da foraggio. Il Pascoli la definisce «laboriosa» perché gli animali la ruminano a lungo.

23-24. «Rezzo» è voce poetica e significa ombra, aria fresca. Sta per «orezzo».

26. Si chiamano impropriamente «mimose» certi fiori gialli, simili a palline vellutate. Ma con scrupolosa precisione il Pascoli ci ricorda

mentre il villano pone dalle spalle
gobbe la ronca e afferra la scodella,
e 'l bue rumina nelle opache stalle
20 la sua laborïosa lupinella.

Da' borghi sparsi le campane in tanto
si rincorron coi lor gridi argentini:
chiamano al rezzo, alla quiete, al santo
desco fiorito d'occhi di bambini.

25 Già m'accoglieva in quelle ore bruciate
sotto ombrello di trine una mimosa,
che fioria la mia casa ai dì d'estate
co' suoi pennacchi di color di rosa;

e s'abbracciava per lo sgretolato
30 muro un folto rosaio a un gelsomino;
guardava il tutto un pioppo alto e [slanciato
chiassoso a giorni come un biricchino.

Era il mio nido: dove, immobilmente,
io galoppava con Guidon Selvaggio
35 e con Astolfo: o mi vedea presente
l'imperatore nell'eremitaggio.

E mentre aereo mi poneva in via
con l'ippogrifo pel sognato alone,
o risonava nella stanza mia
40 muta il dettare di Napoleone;

udia tra i fieni allor allor falciati
de' grilli il verso che perpetuo trema
udiva dalle rane dei fossati
un lungo interminabile poema.

45 E lunghi e interminati, erano quelli
ch'io meditai, mirabili a sognare:
stormir di frondi, cinguettìo d'uccelli,
risa di donne, strepito di mare.

bue rumina a lungo il suo foraggio nell'oscurità delle stalle.

*Intanto dai villaggi sparsi le campane si rincorrono coi loro battiti metallici: chiamano i contadini all'ombra, alla quiete, all'onesta tavola circondata dai bambini i cui occhi sembrano fiori.
In quelle calde ore mi accoglieva l'albero, fatto a ombrello, di mimose simili a tanti ricami che i giorni d'estate abbelliva la mia casa con i suoi pennacchi color rosa; e su per lo sgretolato muro un folto rosaio s'abbracciava a un gelsomino; un pioppo alto e slanciato guardava il tutto e a giorni era rumoroso come un bambino birichino.*

Questo era il mio rifugio: dove leggevo l'Ariosto, e, con la fantasia galoppavo con i suoi eroi, Guidon Selvaggio e Astolfo; oppure rivivevo l'esilio di Napoleone a Sant'Elena. Ed immaginavo anche di trovarmi alto nel cielo a cavallo dell'ippogrifo alla volta della luna, o che nella mia stanza silenziosa risuonasse la voce di Napoleone che dettava le sue memorie; udivo tra i fieni appena tagliati il frinire, cioè il verso tremolante dei grilli, e dai fossati, come un poema, il lungo, ininterrotto gracidare delle rane. E così lunghi e infiniti erano quei poemi che io ne meditai altri, meravigliosi a sognare: il rumore leggero delle fronde, il cinguettìo degli uccelli, le risa delle donne, il forte rumore del mare.

che in realtà le vere mimose hanno il fiore rosa.

32. Il pioppo è «chiassoso», cioè rumoroso, perché è attraversato dal vento e abitato dagli uccelli.

33-36. Guidon Selvaggio e Astolfo sono due personaggi del poema epico *Orlando Furioso* scritto da Ludovico Ariosto (1474-1533). L'imperatore eremita è Napoleone nel suo esilio a Sant'Elena.

37-40. L'ippogrifo è l'animale favoloso con il corpo di cavallo, la testa di grifone e grandi ali, creato da Ludovico Ariosto nell'*Orlando Furioso* (XXXIV). Astolfo a cavallo dell'ippogrifo raggiunge la luna dove riporta il senno di Orlando impazzito.

49-52. È probabile che il «nido» a cui si riferisce il poeta e da cui la famiglia Pascoli dovette migrare fosse San

Mauro. È certo, comunque, che i Pascoli dovettero trasferirsi molto spesso da una città all'altra: prima da San Mauro a Cesena, poi di nuovo a San Mauro ed infine a Rimini. Questi trasferimenti avvennero sempre dopo la morte di un congiunto e cioè sempre in ritardo («rondini tardive»).
53-56. Con i primi due versi e l'uso dell'aggettivo possessivo «tuoi», da collegarsi con «ma» della strofa prece-

Ma da quel nido, rondini tardive,
50 tutti tutti migrammo un giorno nero;
io, la mia patria or è dove si vive;
gli altri son poco lungi; in cimitero.

Così più non verrò per la calura
tra que' tuoi polverosi biancospini
55 ch'io non ritrovi nella mia verzura
del cuculo ozïoso i piccolini,

Romagna solatìa, dolce paese,
cui regnarono Guidi e Malatesta,
cui tenne pure il Passator cortese,
60 re della strada, re della foresta.

Ma dal quel nido io e la mia famiglia, come rondini sempre in ritardo, migrammo un giorno triste; ed ora la mia patria non è più il mio paese ma qualunque altro paese dove sono costretto a vivere: gli altri sono poco lontano; si trovano al cimitero.
Così d'estate, quando il caldo è più intenso, non verrò più a camminare tra i tuoi (di Severino) polverosi biancospini per non ritrovare i piccoli del cuculo tra le mie verdi piante.

Oh! Romagna piena di sole, dolce paese, che i Guidi e i Malatesta dominarono e dove il Passatore esercitò la sua autorità nelle strade e nelle foreste.

dente, sembra che il Pascoli voglia evidenziare la contrapposizione tra il destino dell'amico Severino, che ha avuto la fortuna di rimanere in Romagna, e il suo. Il cuculo depone le uova nel nido di altri uccelli e questi, alla schiusa, scoprono nel nido figli non loro. Fuori di metafora i secondi due versi significano che il Pascoli non vuole rischiare di tornare nella sua casa e di trovare degli estranei.

X AGOSTO

X Agosto fa parte della raccolta *Myricae* ed è inserita nel capitolo intitolato *Elegie*. L'elegia è un componimento poetico tipico delle letterature classiche, greca e latina. Presso i latini assunse carattere autobiografico, nostalgico e malinconico, e talvolta anche funebre.
Il 10 agosto 1867 il padre del Pascoli venne ucciso. Questo stesso giorno è il giorno di San Lorenzo in cui più intensa è la presenza delle stelle nel cielo e si verifica il fenomeno naturale delle stelle cadenti. La poesia

1-4. Il Pascoli intende dare al fenomeno naturale un significato universale: il pianto di stelle per l'aria tranquilla esprime il dolore, la pietà di un mondo, quello del cielo, nei confronti di un altro mondo, quello della terra, dove regnano l'ingiustizia, la sofferenza e la morte.
5-8. Questa strofa è da collegarsi alla quarta. In ambedue la rima alternata, in cui è composta tutta la poesia, e soprattutto l'uso

San Lorenzo, io lo so perché tanto
di stelle per l'aria tranquilla
arde e cade, perché sì gran pianto
nel concavo cielo sfavilla.

5 Ritornava una rondine al tetto:
l'uccisero: cadde tra spini:
ella aveva nel becco un insetto:
la cena de' suoi rondinini.

Ora è là, come in croce, che tende
10 quel verme a quel cielo lontano;
e il suo nido è nell'ombra, che attende
che pigola sempre più piano.

Anche un uomo tornava al suo nido:
l'uccisero: disse: Perdono;
15 e restò negli aperti occhi un grido:
portava due bambole in dono…

rievoca così la tragedia familiare. Il pianto di stelle e la rondine uccisa, come il padre, danno alla poesia un significato universale che si avverte, in particolare, nell'ultima strofa dove si contrappone il mondo sereno del Cielo a quello ingiusto e pieno di odio della Terra.
È interessante la costruzione della poesia perché ogni strofa trova una corrispondenza in un'altra strofa secondo la seguente struttura: 1ª-6ª, 2ª-4ª, 3ª-5ª.

*San Lorenzo, io lo so perché tante stelle
ardono e cadono per l'aria tranquilla,
perché un così grande pianto scintilla
nella volta del cielo.*

*Una rondine ritornava al suo nido (tetto):
la uccisero: cadde tra le spine:
aveva nel becco un insetto:
la cena dei suoi piccoli.*

*Ora è là, con le ali aperte da sembrare in croce
e offre quel verme (l'insetto) a quel cielo
                    [lontano;
e i suoi piccoli sono nell'ombra che attendono
e pigolano sempre più piano.*

*Anche un uomo tornava alla sua casa (nido):
lo uccisero e chiese perdono;
e restò negli occhi spalancati un grido non
                    [emesso:
portava due bambole in regalo.*

della punteggiatura, imprimono un ritmo cadenzato al racconto di morte, prima della rondine e poi dell'uomo.

9-12. La rondine abbattuta con le ali spalancate come fosse in croce evoca il sacrificio di Cristo. Ma ancora più penosa è l'immagine dei rondinini il cui pigolio si va facendo sempre meno forte nell'agonia dell'attesa del cibo.

13-16. Il Pascoli non nomina il padre la cui morte diviene

X AGOSTO

così simbolo universale di sofferenza e ingiustizia.
17-20. Anche l'uomo, come la rondine, mostra al cielo, quasi in segno di protesta, il dono che stava portando a casa.
21-24. I mondi di

Ora là, nella casa romita,
lo aspettano, aspettano in vano:
egli immobile, attonito, addita
20   le bambole al cielo lontano.

E tu, Cielo, dall'alto dei mondi
sereni, infinito, immortale,
oh! d'un pianto di stelle lo inondi
quest'atomo opaco del Male!

UN TESTO PARALLELO

Riportiamo qui la Prefazione a Myricae *in cui il Pascoli, ricordando la morte del padre, invita gli uomini a non procurarsi il male reciprocamente e a lasciare che sia la natura, madre dolcissima, a segnare il destino di ogni uomo.*

Rimangano questi canti sulla tomba di mio padre!... Sono frulli[1] d'uccelli, stormire[2] di cipressi, lontano cantare di campane: non disdicono[3] a un camposanto. Di qualche lagrima, di qualche singulto, spero trovar perdono, poiché qui meno che altrove il lettore potrà o vorrà dire: Che me ne importa del dolor tuo?
Uomo che leggi, furono uomini che apersero[4] quella tomba. E in quella finì tutta una fiorente famiglia. E la tomba (ricordo un'usanza africana) non spicca nel deserto per i candidi sassi della vendetta: è greggia[5], tetra, nera.
Ma l'uomo che dal quel nero ha oscurato la vita, ti chiama a benedire la vita, che è bella, tutta bella; cioè sarebbe; se noi non la guastassimo a noi e agli altri. Bella sarebbe; anche nel pianto che fosse però rugiada di sereno, non scroscio di tempesta; anche nel momento ultimo, quando gli occhi stanchi di contemplare si

X Agosto

Ora là, nella casa abbandonata,
qualcuno lo aspetta invano:
egli è immobile, stupito e mostra
al cielo lontano le due bambole.

E tu, Cielo infinito, immortale dall'alto
dei mondi senza sofferenza,
inondi d'un pianto di stelle
questo scuro frammento di Male!

cui è composto il cielo sono «sereni», perché non turbati dalle ingiustizie e dagli odi degli uomini. L'«atomo opaco del Male» è naturalmente la terra, «opaca» perché non illuminata dal bene.

---

chiudono come a raccogliere e a riporre[6] nell'anima la visione, per sempre. Ma gli uomini amarono più le tenebre che la luce, e più il male altrui che il proprio bene. E del male volontario danno, a torto, biasimo[7] alla natura, madre dolcissima, che anche nello spengerci sembra che ci culli e addormenti. Oh! lasciamo fare a lei, sa quello che fa, e ci vuol bene.
Questa è la parola che dico ora con voce non anco[8] ben sicura e chiara, e che ripeterò meglio col tempo; le dia ora qualche soavità il pensiero che questa parola potrebbe esser di odio, e è d'amore.

Livorno, marzo del 1894

---

[1] *Frullo*: rumore degli uccelli quando si levano in volo.
[2] *Stormire*: rumore leggero degli alberi attraversati dal vento.
[3] *Disdicono*: non sono sconvenienti.
[4] *Apersero*: aprirono.
[5] *Greggia*: non lavorata, allo stato naturale.
[6] *Riporre*: mettere.
[7] *Danno...biasimo*: rimproverano.
[8] *Non anco*: non ancora.

Arano

Questa poesia fa parte della raccolta *Myricae* ed è inserita nel capitolo intitolato *L'ultima passeggiata*. Come molte altre poesie del Pascoli, *Arano* è un invito alla campagna che il poeta rivolge ai suoi lettori. I colo-

1-3. In tutta la poesia è presente il lessico tipico della campagna e del lavoro contadino: «filare, pampano, fratte, arano, vacche, semina, porche, marra". "Roggio" significa di color rosso simile alla ruggine; il «filare» è una fila di viti; e il «pampano» è la foglia della vite. Notate con quale precisione di termini il Pascoli, con tono nostalgico ed evocativo, descrive il paesaggio mattutino.

Al campo, dove roggio nel filare
qualche pampano brilla, e dalle fratte
sembra la nebbia mattinal fumare,

arano: a lente grida, uno le lente
5 vacche spinge; altri semina; un ribatte
le porche con sua marra paziente;

ché il passero saputo in cor già gode,
e il tutto spia dai rami irti del moro;
e il pettirosso: nelle siepi s'ode
10 il suo sottil tintinno come d'oro.

L'ANGOLO DEL CRITICO

Un famoso critico, Giacomo Debenedetti, così commentò la seconda terzina di Arano: «Troveremo altrove pitture ottenute con la stessa grafia, questo disegno piuttosto statico che dinamico, e i valori determinati piuttosto col chiaroscuro che col colore; il quale, semmai, è colore senza colore, senza vivacità cromatica di tinte vistose, impastato su una tavolozza di gamme[1] sull'ocra[2] e sul bruno - quei colori che i pittori chiamano 'terre'».
Il commento evidenzia la capacità del Pascoli di disegnare con le parole un perfetto quadretto di vita campestre dove le voci e i rumori pare di vederli anziché sentirli. A proposito dell'aspetto più specificatamente linguistico, il Debenedetti osserva: «...la composizione del quadro è raggiunta

ri della natura, il lavoro sereno dei contadini, il cinguettio del pettirosso rappresentano un approdo di pace, unico rifugio per gli uomini contro gli affanni e i misteri della vita.

Nel campo, dove qualche rosso pampano brilla nel filare, e dai cespugli e dalle fenditure del terreno la nebbia mattutina si alza e sembra fumo, i contadini arano: uno spinge le vacche gridando lentamente; un altro semina; un altro ribatte pazientemente le zolle con la sua vanga; cosicché il passero, esperto e furbo, nel suo cuore già gode e spia il tutto dai rami senza foglie del gelso; e si sente anche il pettirosso con il suo lieve cinguettio come fosse un batter di monete d'oro.

4-6. Le «porche» sono i pezzi più grossi del terreno, le zolle; e la «marra» lo strumento con cui il contadino lavora la terra, la zappa.

7-10. Il passero esperto gode perché sa che potrà raccogliere i semi gettati dai contadini. Ma c'è chi è più furbo di lui e ribatte le zolle per non lasciare il seme scoperto. Il passero è certo fra le creature più vive e indimenticabili del poeta. L'ultimo verso ha valore onomatopeico.

attraverso notazioni staccate, slegate, come colte casualmente a grande distanza una dall'altra: arano... uno le lente vacche spinge... altri semina... (uno... altri... poi di nuovo uno...). Per trascrivere quelle distanze, ci pare che in prosa non avremmo che gli odiosi punti di sospensione. Ma il Pascoli che scrive in versi non ne ha davvero bisogno. Ha frantumato al massimo, slegata la sintassi; ha preso a martellate ogni complessità del periodo, ottenuto proposizioni elementari, soggetto, predicato: un predicato scarno[3] che segna l'azione senza colorirla, né muoverla, insomma si comporta come un predicato di esistenza».

[1] *Gamma*: successione di gradazioni di un colore.
[2] *Ocra*: colore giallo rossiccio.
[3] *Scarno*: senza ornamenti, sobrio.

LAVANDARE

Anche *Lavandare*, come *Arano*, è inserita nel capitolo *L'ultima passeggiata* della raccolta *Myricae*. Il poeta descrive le immagini della campagna in una stagione, l'autunno, in cui i contadini abbandonano il lavoro dei campi. I rumori prodotti dai panni sbattuti e i canti lenti e monotoni delle lavandaie accompagnano quelle immagini di solitudine. Poi il paesaggio, i

1-3. La parte arata del campo ha il colore cupo, nero, della terra smossa da poco, mentre la parte non arata è di colore grigio. Il «vapor leggero» è la lieve nebbia che la terra esala. L'immagine dell'aratro abbandonato in mezzo al campo, anch'esso abbandonato perché mezzo lavorato e mezzo no, introduce già al sentimento di solitudine e abbandono che viene manifestato negli ultimi due versi.
4-6. Se la prima terzina si caratterizza per la presenza di sensazioni visive, questa seconda terzina si caratterizza, invece, per la presenza di sensazioni uditive; tanto più evi-

Nel campo mezzo grigio e mezzo nero
resta un aratro senza buoi, che pare
dimenticato, tra il vapor leggero.

E cadenzato dalla gora viene
5 lo sciabordare delle lavandare
con tonfi spessi e lunghe cantilene:

Il vento soffia e nevica la frasca,
e tu non torni ancora al tuo paese!
quando partisti, come son rimasta!
10 come l'aratro in mezzo alla maggese.

rumori, le voci, trovano una corrispondenza nel sentimento di dolore di chi ama e si sente abbandonato dalla persona amata. E così le sensazioni visive e uditive si trasformano in un canto triste e desolato, che assume quasi il tono di una protesta.

Nel campo mezzo grigio e mezzo nero,
tra la nebbia leggera, resta un aratro
senza buoi, che pare abbandonato dai contadini.

E dal canale si sentono i tonfi frequenti
e forti che le lavandaie danno ai panni
e i loro canti prolungati e monotoni.

Il vento soffia e le foglie cadono dagli alberi
                    [come fossero neve,
e tu ancora non torni da me!
Quando sei partito io mi sono sentita sola
e abbandonata come quell'aratro
                    [in mezzo al campo incolto.

denti in quanto il poeta usa versi onomatopeici che attraverso i suoni evocano ciò che esprimono in parole.
7-10. La «e» all'inizio del secondo verso è una «e» esplicativa. I due versi significano: «nonostante che stia per iniziare la stagione più difficile dell'anno, l'inverno, tu non hai intenzione di tornare; perché?!» Gli ultimi due versi esprimono l'angoscia della solitudine di chi ama ma si sente abbandonato dalla persona amata. Tenere un campo a maggese significa tenerlo a riposo per un certo tempo lavorandolo di frequente in modo da fargli riacquistare fertilità.

NOVEMBRE

Novembre la troviamo nella raccolta *Myricae*, nel capitolo intitolato *In campagna*. Anche se non c'è nessun preciso riferimento autobiografico, questa poesia è pervasa dal senso della morte che si esprime attraverso la descrizione del paesaggio autunnale visto con gli occhi del «male di vi-

1-4. Nonostante sia una giornata di novembre e l'aria sia fredda come una gemma, in questi primi quattro versi si respira aria di primavera attraverso il ricordo degli albicocchi in fiore e dell'odore amaro del biancospino. Ma è solo un'illusione.
Il soggetto «tu» ha valore di impersonale.
5-8. L'illusione è breve perché in realtà in autunno la vita sfiorisce: le piante si seccano, il

Gemmea l'aria, il sole così chiaro
che tu ricerchi gli albicocchi in fiore,
e del prunalbo l'odorino amaro
    senti nel cuore...

Ma secco è il pruno, e le stecchite piante
5 di nere trame segnano il sereno,
e vuoto il cielo, e cavo al piè sonante
    sembra il terreno.

Silenzio, intorno: solo, alle ventate,
odi lontano, da giardini ed orti,
di foglie un cader fragile. È l'estate,
    fredda, dei morti.

vere». Con il contrasto tematico fra la prima strofa e le altre due, sottolineato dalla congiunzione avversativa «ma», il poeta sembra voler dire che la felicità è solo nel ricordo di stagioni lontane che non torneranno mai più.

L'aria è fredda e limpida come una gemma,
il sole è così splendente che si ricerca gli
albicocchi in fiore e nel cuore si sente
l'odorino amaro del biancospino.

Ma il biancospino è secco e i rami senza
foglie (nere trame) delle piante rinsecchite
segnano il cielo sereno che non è più
attraversato dal volo degli uccelli, e
il terreno sotto il piede sembra risuonare
come una cavità.
Intorno c'è silenzio: solo quando il vento
soffia si sentono, lontano, dai giardini e
dagli orti, le foglie cadere con leggerezza.
È l'estate fredda dei morti.

cielo è vuoto, il terreno arido e compatto per il freddo. Il paesaggio, sebbene con un tono più sereno, prelude ad un tema, quello del «male di vivere», caro ad un grande poeta del Novecento, Eugenio Montale.

9-12. L'estate fredda dei morti, detta anche estate di San Martino, è il periodo iniziale di novembre e precisamente dal 2, giorno dei morti, all'11.

I DUE FANCIULLI

Questa poesia si trova nella raccolta *Primi poemetti*. Pascoli pubblicò una raccolta intitolata *Poemetti* nel 1897. L'opera rivista e ampliata fu poi divisa in due volumi: *Primi poemetti* e *Nuovi poemetti*, rispettivamente pubblicati nel 1904 e nel 1909.
A differenza che in *Myricae*, dove il Pascoli privilegia una dimensione sta-

---

1-6. «Garruli» significa allegri, chiassosi. I tigli sono alberi con fiori giallastri profumatissimi; gli alberi si stupiscono perché fino ad un momento prima avevano visto i due fanciulli giocare allegramente.
7. Guardare con cipiglio significa

I

Era il tramonto: ai garruli trastulli
erano intenti, nella pace d'oro
dell'ombroso viale, i due fanciulli.

Nel gioco, serio al pari d'un lavoro,
5 corsero ad un tratto, con stupor de' tigli
tra lor parole grandi più di loro.

A sé videro nuovi occhi, cipigli
non più veduti, e l'uno e l'altro, esangue
ne' tenui diti si trovò gli artigli,

10 e in cuore un'acre bramosia di sangue,
e lo videro fuori, essi, i fratelli,
l'uno dell'altro per il volto, il sangue!

Ma tu, pallida (oh! i tuoi cari capelli
strappati e pésti!), o madre pia, venivi

tico-descrittiva, nei *Primi poemetti*, e in particolare nella poesia *I due fanciulli*, prevale l'intento narrativo che introduce a considerazioni e riflessioni di carattere morale. *I due fanciulli* è un bellissimo inno alla pace, un invito a lottare contro l'aggressività dell'uomo, che spesso si traduce nella forma più violenta di lotta: la guerra.

I

Era il tramonto: i due fanciulli,
nella pace del viale pieno d'ombra,
giocavano rumorosamente.

Durante il gioco, serio quasi fosse un
lavoro, con sorpresa dei tigli, cominciarono
ad offendersi con parole più grandi di loro.

Sia l'uno che l'altro sentirono su di sé uno
       [*sguardo*
nuovo, un fare minaccioso mai visto prima,
e tutti e due, bianchi in volto, si ritrovarono
              [*nelle delicate dita gli artigli,*
e nel cuore un forte desiderio di sangue,
di quel sangue che poi l'uno vide nel
volto dell'altro.

Ma tu, da buona madre, con il viso pallido,
andavi su di loro e li dividevi, i due leoncini,

guardare minacciosamente, cioè quando la fronte e le sopracciglia si corrugano.

17-22. Nel buio i fanciulli vedono tante ombre che sembrano trasformarsi in altrettante persone che fanno cenno di far silenzio. Ma il pianto viene interrotto da qualcosa di ancora più oscuro e indefinito.

25. «Il sentir battere l'altro cuore faceva compagnia, come a un viandante il calpestio di un altro che fa la medesima strada» (n.d.a.).

29. La madre si avvicina con il fiato sospeso per paura di svegliare i due bambini.

33. Inizia qui l'inno alla pace del poeta che come un canto si rivolge agli uomini e li invita a stringersi in un ab-

15 su loro, e li staccavi, i lioncelli,

ed «A letto» intimasti «ora, cattivi!»

II

A letto, il buio li fasciò, gremito
d'ombre più dense; vaghe ombre, che pare
che d'ogni angolo al labbro alzino il dito.

20 Via via fece più grosse onde e più rare
il lor singhiozzo, per non so che nero
che nel silenzio si sentia passare.

L'uno si volse, e l'altro ancor, leggero:
nel buio udì l'un cuore, non lontano
25 il calpestio dell'altro passeggero.

Dopo breve ora, tacita, pian piano,
venne la madre, ed esplorò col lume
velato un poco dalla rosea mano.

Guardò sospesa; e buoni oltre il costume
30 dormir li vide, l'uno all'altro stretto
con le sue bianche aluccie senza piume;

e rincalzò, con un sorriso, il letto

III

Uomini, nella truce ora dei lupi,
pensate all'ombra del destino ignoto
35 che ne circonda, e a' silenzi cupi

che regnano oltre il breve suon del moto
vostro e il fragore della vostra guerra,
ronzio d'un'ape dentro il bugno vuoto.

Uomini, pace! Nella prona terra
40 troppo è il mistero; e solo chi procaccia

che già si erano strappati i capelli, a te tanto
cari, e dicevi loro con tono autoritario: «A letto,
[ora, cattivi!»

II

A letto, il buio li avvolse, pieno di ombre
sempre più scure: ombre indefinite che, nella
loro fantasia, da ogni angolo, sembravano
alzare il dito sulle labbra per dire di tacere.
Piano piano il singhiozzo produsse lacrime più
grosse ma più rare, per qualcosa di indefinito
che si sentiva passare nel silenzio, ma non so
[che cosa.
Ambedue si voltarono senza far rumore: tutti
e due sentirono i battiti del cuore dell'altro
come quando un viandante sente il calpestio
di un altro che fa la stessa strada.
Dopo poco, in silenzio, piano piano, arrivò
la madre e li osservò con l'aiuto del lume che
aveva coperto con la mano rosea.

Guardò con il fiato sospeso; e buoni più
del solito li vide dormire, abbracciati con
le loro piccole braccia bianche; e con
un sorriso rincalzò il letto.

III

Uomini, quando vi sentite aggressivi,
pensate alle ombre che circondano il vostro
ignoto destino, e ai tristi silenzi che
vanno oltre il breve rumore della
vostra vita e alla confusione della vostra
guerra che è come un ronzio di un'ape dentro
un alveare vuoto.

Uomini, pace! Nella misera terra il mistero
è troppo; e solo chi ricerca dei fratelli

braccio d'amore e di comprensione per poter affrontare il mistero della vita e della morte.

36. «Il breve suon del moto vostro» è il rumore della vita che è breve, piena di ombre e tristi silenzi.

39. «Prona» significa china, ma qui il poeta sembra voler dire che la terra è consapevole del mistero che la circonda e si prostra di fronte ad esso.

I DUE FANCIULLI

45-48. Suggestiva è questa immagine della Morte che arriva sugli uomini, impotenti di fronte ad essa, ma puri e sereni, avvolti nei lenzuoli bianchi.

d'aver fratelli in suo timor, non erra.

Pace, fratelli e fate che le braccia
ch'ora o poi tenderete ai più vicini,
non sappiano la lotta e la minaccia.

45 E buoni veda voi dormir nei lini
placidi e bianchi, quando non intesa,
quando non vista, sopra voi si chini

la Morte con la sua lampada accesa.

Giovanni Pascoli (secondo da sinistra in basso) e il fratello Luigi, detto Gigin (secondo da sinistra in alto), nel 1866, con altri convittori, nell'uniforme del Collegio Raffaello di Urbino. A fronte, il poeta in età matura, nell'orto della casa di Castelvecchio in una fotografia del 1903

I DUE FANCIULLI

che condividano le paure, non sbaglia.

*Pace, fratelli! E fate che le braccia che
prima o poi tenderete ai vostri vicini,
non conoscano la lotta e la minaccia.*

*E la Morte, con la sua lampada accesa, giunga
su di voi, inattesa e non vista, e vi veda,
tranquilli e bianchi, dormire tra i lenzuoli
profumati.*

Il gelsomino notturno

Questa poesia venne scritta per le nozze dell'amico Raffaele Briganti nel luglio 1901 e poi inclusa nella raccolta *Canti di Castelvecchio*, pubblicata per la prima volta nel 1903. A differenza che in *Myricae* anche qui prevale un intento dinamico-narrativo dove, tuttavia, sembra che l'elemento lo-

1-4. I «fiori notturni» sono i gelsomini che hanno la caratteristica di iniziare ad aprire la corolla al crepuscolo, nell'ora in cui al poeta ritornano alla mente momenti di morte. I «viburni» sono delle piante che appartengono alla famiglia delle Caprifogliacee, con un odore dolceamaro. Le «farfalle crepuscolari» sono le falene, quelle farfalle di color grigio che appaiono, appunto, al crepuscolo e vivono	E s'aprono i fiori notturni, nell'ora che penso a' miei cari. Sono apparse in mezzo ai viburni le farfalle crepuscolari.

5 Da un pezzo si tacquero i gridi: là sola una casa bisbiglia, Sotto l'ali dormono i nidi, come gli occhi sotto le ciglia.

Dai calici aperti si esala 10 l'odore di fragole rosse. Splende un lume là nella sala. Nasce l'erba sopra le fosse.

Un'ape tardiva sussurra trovando già prese le celle. 15 La Chioccetta per l'aia azzurra va col suo pigolìo di stelle. |

gico non venga rispettato. Le impressioni si susseguono apparentemente disordinate e casuali. Ma in realtà la poesia canta l'erompere della vita notturna e sensazioni uditive e visive, provate con l'ingenuità di un fanciullo, si alternano a scene che preludono a un rapporto d'amore.

Si aprono i fiori notturni nell'ora
in cui io penso ai miei cari.
Sono apparse in mezzo alle piante
le farfalle crepuscolari.

Da un po' di tempo tutto è nel silenzio:
soltanto in una casa si parla piano.
Sotto le ali dormono gli uccelli,
come gli occhi sotto le ciglia.

L'odore di fragole rosse sale dai calici
aperti dei fiori.
Un lume splende nella sala della casa.
L'erba cresce sopra le tombe.

Un'ape in ritardo sussurra trovando
già occupate le celle dell'alveare.
Le stelle a luci intermittenti attraversano
il cielo. Sembrano tanti
pulcini che pigolano dietro la chioccia.

di notte mimetizzandosi nell'oscurità.
9-12. Dai fiori che si stanno aprendo esala un odore come di fragole il cui colore rosso suggerisce l'intensità del profumo. L'erba che nasce sulle tombe rappresenta il trionfo della vita sulla morte.
15-16. I contadini chiamano Chioccetta la costellazione delle Pleiadi. La chioccia è la gallina che cova le uova. Fuor di metafora i due versi significano che le Pleiadi (Chioc-

IL GELSOMINO NOTTURNO

cetta) si trascinano dietro per il cielo (aia) le stelle la cui luce è intermittente (pigolio).

17-20. Al profumo che si spande nell'aria, e cioè, a qualcosa di immateriale, corrisponde la descrizione di fatti, lo spettacolo materiale, che allude a qualcosa che accadrà durante la notte. La scena d'amore non è esplicita ma evocata. Il desiderio erotico, simboleggiato in tutta la lirica

Per tutta la notte s'esala
l'odore che passa col vento.
Passa il lume su per la scala;
20 brilla al primo piano: s'è spento...

È l'alba: si chiudono i petali
un poco gualciti; si cova,
dentro l'urna molle e segreta,
non so che felicità nuova.

L'ANGOLO DEL CRITICO

A proposito dell'aspetto narrativo presente nei Canti di Castelvecchio e nei Poemetti il critico Bàrberi Squarotti ha scritto:

«È un narrare per allusioni[1], riprese (che sono spesso puramente foniche), analogie verbali, catene di ripetizioni in trama: dove il nucleo del discorso non è mai esplicito interamente, ma la parola vi gira intorno, senza mai affrontarlo e chiarirlo appieno, lasciando un margine più o meno vasto d'ombra (di suggerito, di alluso, in modo da rinviare sempre a qualcosa che è oltre la parola stessa): i riferimenti verbali, le ripetizioni, gli accostamenti fra parole e rime, o assonanze[2], le improvvise illuminazioni o le dichiarazioni di esistenza di oggetti dispa-

*Per tutta la notte si diffonde un odore
trasportato dal vento.
La lampada passa lungo le scale della casa;
brilla al primo piano: si è spenta...*

*È l'alba: i petali si chiudono un
poco sgualciti; dentro l'ovario
umido, in cui si nasconde un segreto,
sta crescendo non so quale felicità nuova.*

nell'erompere della vita notturna, si concretizza qui nella luce della lampada che prima si muove, poi luccica nel buio e infine si spegne. Notate i puntini di sospensione.

21-24. All'alba i petali del gelsomino si chiudono. Ma qualcosa è accaduto. Una nuova vita sta germogliando dentro l'ovario del fiore, un poco umido e che nasconde il mistero della nascita.

rati, i vertiginosi salti di prospettiva da oggetto a oggetto, dall'infinitamente piccolo all'infinitamente grande e viceversa, compongono una trama segreta, allusiva, che rimanda sempre a qualcosa prima e a qualcosa dopo il detto, dando il senso di una vicenda simbolica che non conosce soste né arresti né soluzioni di continuità».

1 *allusioni*: «fare allusione» significa riferirsi a qualcosa o a qualcuno in modo coperto e indiretto.
2 *assonanza*: ripetizione dei suoni delle vocali.

Italy

Sacro all'Italia raminga

All'inizio di *Italy* troviamo una dedica che dice: «Sacro all'Italia raminga». *Italy* è, infatti, un poemetto di 450 versi, inserito nella raccolta *Primi Poemetti*, dedicato a tutti gli emigrati italiani. Protagonista è una famiglia di emigrati toscani di Caprona, in provincia di Lucca. Vengono da Cincinnati in Ohio, negli Stati Uniti, perché la piccola *Molly* (Maria) è malata e sperano che le cure della nonna e il clima italiano possano aiutarla a guarire. In effetti nel febbraio del 1903 ritornò a Caprona una famiglia di contadini emigrati, alle cui sventure - la brutta situazione economica e la malattia della bambina - il Pascoli si interessò molto. I personaggi di *Italy* sono quindi realmente esistiti.
Il poemetto è diviso in due canti: nel primo troviamo nove capitoli di ven-

Canto primo

1-3. Caprona di Castelvecchio è un piccolo paese vicino a Lucca.
  7. Ghita e Beppe sono figli di Taddeo il cui padre è l'uomo (nonno) del verso 25.
  10. La bambina malaticcia in collo a

CANTO PRIMO

I

A Caprona, una sera di febbraio,
gente veniva, ed era già per l'erta,
veniva su da Cincinnati, *Ohio*.

La strada, con quel tempo, era deserta.
5 Pioveva, prima adagio, ora a dirotto,
tamburellando su l'ombrella aperta.

La Ghita e Beppe di Taddeo lì sotto
erano, sotto la cerata ombrella
del padre: una ragazza, un giovinotto.

10 E c'era anche una bimba malatella,
in collo a Beppe, e di su la sua spalla
mesceva giù le bionde lunghe anella.

Figlia d'un altro figlio, era una talla

ticinque versi ciascuno; il secondo è invece formato da tre versi introduttivi, diciannove capitoli di dieci versi ciascuno e un capitolo finale di trentadue versi. Qui proponiamo dei brani tratti sia dal primo che dal secondo canto.
Il testo è di notevole interesse sia per gli sperimentalismi linguistici, sia per l'attenzione che Pascoli dimostra per un problema importante della società italiana tra Ottocento e Novecento.
Da un punto di vista linguistico Pascoli nel dialogo tra i paesani e gli emigrati introduce parole straniere, dialettismi e una forma di *pidgin*: si tratta di una forte innovazione.

CANTO PRIMO

I

Una sera di febbraio si vide gente camminare per la ripida salita che porta a Caprona. Proveniva da Cincinnati, Ohio.

La strada, con quel tempo, era deserta. Pioveva, prima adagio, poi a dirotto e la pioggia tamburellava sull'ombrello aperto.

La Ghita, una ragazza, e Beppe di Taddeo, un giovanotto, stavano sotto l'ombrello di incerato del padre.

E Beppe teneva in collo una bambina malaticcia e dalla spalla della bimba cadevano giù i lunghi capelli biondi e inanellati.

La bambina, di nome Maria, era figlia di un al-

Beppe è Maria (Molly), figlia di Enrico, fratello di Taddeo («Figlia d'un altro figlio", verso 13).

13. «Talla» significa «talea», germoglio, cioè la pianta nella prima fase dello sviluppo.

> 15. Una «galla» è un rigonfiamento che si forma sulle foglie, sui rami o sulle radici di alcune piante. In senso figurato significa una cosa o una persona molto leggera.
> 18. È il tramonto perché le chiese suonano l'Avemaria a quell'ora.
> 25. Il nonno è andato incontro ai figli e ai nipoti che stanno tornando.
> 51-57. La mamma con il nodo alla

del ceppo vecchio nata là: Maria:
15 d'otto anni: aveva il peso d'una galla.

Ai ritornanti per la lunga via,
già vicini all'antico focolare,
la lor chiesa sonò l'Avemaria

Erano stanchi! avean passato il mare!
20 Appena appena tra la pioggia e il vento
l'udiron essi or sì or no sonare.

Maria cullata dall'andar su lento
sembrava quasi abbandonarsi al sonno,
sotto l'ombrella. Fradicio e contento

25 veniva piano dietro tutti il nonno.

III

E i figli la rividero alla fiamma
del focolare, curva, sfatta, smunta.
«Ma siete trista! siete trista, o mamma!»

Ed accostando agli occhi, essa, la punta
55 del pannelletto, con un fil di voce:
«E il Cecco è fiero? E come va
　　　　　　　　　　　　　　[l'Assunta?»

«Ma voi! Ma voi!» «Là là, con la mia
　　　　　　　　　　　　　　　　[croce».
(...)
Beppe sedé col capo indolenzito
tra le due mani. La bambina bionda
ora ammiccava qua e là col dito.

Parlava; e la sua nonna, tremebonda,
70 stava a sentire e poi dicea: «Non pare
un luì quando canta tra la fronda?»

Parlava la sua lingua d'oltremare:

tro figlio. Era il frutto, nato in America, dell'antico ceppo della famiglia. Aveva otto anni ma pesava come una bambina di tre.
E la chiesa suonò l'Avemaria agli emigranti mentre camminavano su per la lunga salita, ormai vicini a casa.

Erano stanchi! Avevano attraversato il mare! Tra la pioggia e il vento, soltanto a tratti sentirono le campane suonare. Maria, sotto l'ombrello, sembrava quasi che stesse per addormentarsi, cullata dall'andar su lento di Beppe.

Dietro a tutti veniva piano il nonno, fradicio e contento.

III

E i figli rividero la mamma alla fiamma del focolare, curva, sfatta, smunta.
«Ma siete triste! siete triste, mamma!»

E portandosi agli occhi la punta del grembiule, la mamma rispose con un fil di voce: «E il Cecco sta bene? E come va l'Assunta?» «Ma voi! Ma voi!» «Là là, siete la mia tristezza, la mia croce».

Beppe si sedette con il capo indolenzito tra le mani. Maria ora faceva dei cenni qua e là col dito. Parlava; e la sua nonna, tutta tremante stava a sentire e poi diceva: «Non pare un uccellino quando canta tra i rami degli alberi?»

Maria parlava la sua lingua d'oltremare: «...una

gola chiede come stanno dei conoscenti e si dispera per la situazione dei figli. «Essere la croce di qualcuno» significa soffrire per qualcuno.

69-75. La nonna non capisce la nipotina quando parla inglese. «Chicken-house» significa «pollaio», ma qui sta per capanna. La bambina si sta lamentando della casa e del tempo in Italia.

94-100. Nonostante la brutta casa e il mal tempo, il pane e il latte sono genuini. Ma alla bambina non interessano il pane e il latte perché è abituata alle torte americane. Inizia a piangere perché crede che «nieva» significhi «never». Crede, cioè, che non potrà mai più avere le torte perché dovrà rimanere per sempre in Italia.
 	
101-103. In questi versi il Pascoli riporta il pensiero di Beppe. Infatti non ci sono le virgolette ma soltanto alcune parole in inglese.
	«*...a chicken-house*» «un piccolo luì...»
	«*...for mice and rats*» «che goda a
	                              [cinguettare,
	75 zi zi» «*Bad country, Ioe, your Italy!*»
	
	                   IV
	(...)
	La nonna intanto ripetea: «Stamane
	fa freddo!» Un bianco borracciol
	                                [consunto
	mettea sul desco ed affettava il pane.
	
	Pane di casa e latte appena munto.
	95 Dicea: «Bambina, state al fuoco: nieva!
	nieva!» E qui Beppe soggiungea
	                                [compunto:
	«*Poor Molly!* qui non trovi il *pai* con
	                                  [*fleva!*»
	
	                   V
	
	Oh! no: non c'era lì né *pie* né *flavour*
	100 né tutto il resto. Ruppe in un gran pianto:
	«*Ioe, what means* nieva? *Never? Never?*
	                                  [*Never?*»
	
	Oh! no: starebbe in Italy sin tanto
	ch'ella guarisse: *one month or two, poor*
	                                  [*Molly!*
	E *Ioe* godrebbe questo po' di scianto!
	
	Mugliava il vento che scendea dai colli
	105 bianchi di neve. Ella mangiò, poi muta
	fissò la fiamma con gli occhioni molli.
	
	Venne, sapendo della lor venuta,
	gente, e qualcosa rispondeva a tutti *Ioe*,
	                                  [grave:
	«*Oh yes*, è fiero... vi saluta...

capanna» «*un piccolo uccellino...*» - *ripeteva la nonna* - «*...per sorci e ratti*» «*che goda a cinguettare, zi zi*» «Brutto paese, Beppe la tua Italia» - *continuava Maria.*

IV

La nonna intanto ripeteva: «Stamani fa freddo!» *Metteva sul tavolo una tovaglia bianca e consumata ed affettava il pane. Pane di casa e latte appena munto. Diceva:* «Bambina, state al fuoco: nevica! nevica! *E a questo punto Beppe aggiungeva turbato:* «Povera Mary! qui non trovi la torta fragrante e profumata!»

107-115. La conversazione tra Beppe e la gente si svolge in una forma di *pidgin*. «Bisini» sta per «*business*»; «fruttistendo» per «*fruitsstand*»; «checche» per «*cakes*»; «candi» per «*candied fruit*»; «scrima» per «*ice cream*»; «baschetto» per «*basket*»; «salone» per «*salon*»; «bordi» per «*boards*»; «stima» per «*steamer*».

V

Oh! no: lì non c'erano né torte *né* aromi *né tutto il resto. Maria ruppe in un gran pianto e chiese:* «Beppe, che significa *nieva?* Mai? Mai? Mai?»

Oh! no: Maria sarebbe rimasta in Italia fin quando non fosse guarita: un mese o due, povera Molly! E Beppe avrebbe goduto di un po' di riposo!

Il vento che proveniva dai colli bianchi di neve faceva un rumore molto forte. Maria mangiò, poi muta fissò la fiamma con gli occhioni bagnati di lacrime.
La gente, sapendo dell'arrivo degli emigranti, andò a casa a trovarli e Ioe *serio rispondeva a tutti qualcosa:* «Oh sì, sta bene... vi saluta... molti affari, oh sì... No, ha un negozio di fruttivendolo...oh sì, vende pasticcini, canditi, gela-

ITALY

118. Sono, naturalmente, ricordi di cose tristi che si trasformano in cari ricordi proprio perché appartengono alla memoria.
144-153. Maria dice di nuovo che l'Italia non le piace e l'Italia sembra ven-
	110 molti bisini, *oh yes*... No, tiene un frutti-
	stendo... *Oh yes*, vende checche, candi,
	                                                                           [scrima..
	Conta moneta: può campar coi frutti...
	
	Il baschetto non rende come prima...
	Yes, un salone, che ci ha tanti bordi...
	115 *Yes,* l'ho rivisto nel pigliar la stima...»
	
	Il tramontano discendea con sordi
	brontoli. Ognuno si godeva i cari
	ricordi, cari ma perché ricordi:
	
	quando sbarcati dagli ignoti mari
	120 scorrean le terre ignote con un grido
	straniero in bocca, a guadagnar danari
	
	per farsi un campo, per rifarsi un nido...
	
	                    VI
	
	(...)
	Uno guardò la piccola straniera,
	145 prima non vista, muta, che tossì.
	«*You like this country*...» Ella negò severa:
	
	«*Oh no! Bad Italy! Bad Italy!*»
	
	                    VII
	
	ITALY allora s'adirò davvero !
	Piovve; e la pioggia cancellò dal tetto
	150 quel po' di bianco, e fece tutto nero.
	
	Il cielo, parve che sí fosse stretto,
	e rovesciava acquate sopra acquate!
	O ferraietto, corto e maledetto!
	(...)

36

ti... Ha fatto molti soldi: vive con gli interessi... Fare canestri non rende più come prima... Sì, ha un'osteria con tanti clienti... Sì, l'ho rivisto prendere il piroscafo...»

dicarsi delle affermazioni della bambina. Maria infatti avrebbe bisogno del bel tempo, del sole, per rimettersi dalla malattia ma invece inizia a piovere a dirotto.

La tramontana continuava a soffiare facendo un rumore simile ad un brontolio. Ognuno si godeva i cari ricordi, cari ma perché ricordi: di quando, sbarcati dopo aver attraversato mari ignoti, andavano per terre ignote gridando in una lingua straniera per guadagnare i soldi sufficienti a comprarsi un pezzo di terra, a rifarsi una casa...

VI

Uno dei visitatori guardò la piccola straniera, prima non vista, muta, che tossì. «Ti piace questo paese....» Maria seria negò: «Oh no! Cattiva Italia! Cattiva Italia!»

VII

Italy allora si arrabbiò davvero! Piovve; e la pioggia cancellò dal tetto quel poco di bianco della neve, e fece tutto nero. Il cielo parve che si fosse ristretto, e rovesciava acquate sopra acquate! O febbraietto, corto e maledetto!

IX

> 198-222. Anche in questo caso il poeta gioca sul *misunderstanding* linguistico tra la bambina e la nonna. I licci, la spola, l'aspo sono alcune parti di cui è composto un telaio.

Tra il rumore dei licci e della cassa
tossiva, che la nonna non sentisse.
200 La nonna spesso le dicea: «Ti passa?»

«*Yes*», rispondeva. Un giorno poi le disse:
«Non venir qui!» Ma ella ci veniva,
e stava lì con le pupille fisse.

Godeva di guardare la giuliva
205 danza dei licci, e di tenere in mano
la navicella lucida d'oliva.

Stava lì buona a' piedi d'un soppiano;
girava l'aspo, riempìa cannelli,
e poi tossiva dentro sé pian piano.

210 Un giorno che veniva acqua a ruscelli,
fissò la nonna e chiese: «*Die?*» La nonna
le carezzava i morbidi capelli.

La bimba allora piano per la gonna
le salì, e le si stese sui ginocchi:
215 «*Die?*» «E che t'ho a dir io povera
[donna?»

La bimba allora chiuse un poco gli occhi:
«*Die! Die!*» La nonna sussurrò:
[«Dormire?»
«*No! No!*» La bimba chiuse anche più gli
[occhi,

s'abbandonò per più che non dormire,
220 piegò le mani sopra il petto: «*Die!
Die! Die!*» La nonna balbettò: «Morire!»

«*Oh yes! Molly* morire *in Italy!*»

IX

Tra il rumore dei licci e della cassa del telaio, Maria tossiva cercando di non farsi sentire dalla nonna che spesso le diceva: «Ti passa?»

«Sì», rispondeva Maria. Poi la nonna un giorno le disse: «Non venir qui!». Ma Maria ci andava lo stesso e stava lì con gli occhi fissi.

Si divertiva a guardare la gioiosa danza dei licci, e a tenere in mano la spola lucida d'olio.

Stava lì buona ai piedi di una madia; girava l'aspo, riempiva i cannelli, e poi tossiva dentro sé pian piano.

Un giorno che veniva giù acqua a ruscelli, fissò la nonna e chiese: «Morire?» La nonna le accarezzava i morbidi capelli.

Allora la bimba le salì piano per la gonna e le si stese sui ginocchi: «Morire?» «E che cosa devo dirti io povera donna?»

La bimba allora chiuse un poco gli occhi: «Morire! Morire!» La nonna sussurrò: «Dormire?» «No! No!» La bimba chiuse ancora di più gli occhi,

e si abbandonò come se stesse per morire, piegando le mani sopra il petto: «Morire! Morire! Morire!» La nonna balbettò: «Morire!»

«Oh sì! Molly morire in Italia!»

215. L'espressione «E che t'ho a dir io povera donna?» evidenzia l'impotenza e quindi la sofferenza della nonna che non riesce a capire la lingua della bambina.

CANTO SECONDO

<small>1-3. Il tempo è cambiato. L'aria è diventata tiepida e serena. Il clima è ideale per favorire la guarigione di Maria.
74-84. In questi versi ritroviamo uno dei temi più cari al</small>

ITALY allora n'ebbe tanta pena
Povera *Molly*! E venne un vento buono
che spazzò l'aria che tornò serena.
(…)

VIII

O rondinella nata in oltremare!
75 Quando vanno le rondini, e qui resta
il nido solo, oh! che dolente andare!

Non c'è più cibo qui per loro, e mesta
la terra e freddo è il cielo, tra l'affanno
dei venti e lo scrosciar della tempesta.

80 Non cè più cibo. Vanno. Torneranno?
Lasciano la lor casa senza porta.
Tornano tutte al rifiorir dell'anno!

Quella che no, di' che non può; ch'è
                                                        [morta.

XIII

125 Cielo, e non altro, cielo alto e profondo,
cielo deserto. O patria delle stelle!
O sola patria agli orfani del mondo!

Vanno serrando i denti e le mascelle,
130 serrando dentro il cuore una minaccia
ribelle, e un pianto forse più ribelle.

Offrono *cheap* la roba, *cheap* le braccia,
indifferenti al tacito diniego;
e *cheap* la vita, e tutto *cheap*; e in faccia

no, dietro mormorare odono: DEGO!

Canto secondo

Italy allora ebbe tanta pena di Maria. Povera Molly! E venne un vento buono che spazzò l'aria che tornò serena.

VIII

O rondinella nata in oltremare!
Quando gli emigranti partono e lasciano le loro case sole è un viaggio che provoca dolore!

Al paese natio non c'è più cibo per loro, e triste è la terra e freddo è il cielo, tra i venti che soffiano affannosamente e lo scrosciar della tempesta. Il cibo non c'è più. Partono. Torneranno? Lasciano la loro casa con la porta aperta. Tutti ritornano all'inizio dell'anno! Quelli che non lo fanno significa che sono morti.

XIII

Il cielo e non altro, il cielo alto e profondo, il cielo deserto. O patria delle stelle! Il cielo è la sola patria per gli orfani del mondo, per chi ha perduto la propria terra.
Vanno serrando i denti e le mascelle, trattengono dentro il cuore una minaccia ribelle, e un pianto forse più ribelle.

Offrono a buon mercato la roba e le braccia, indifferenti al tacito rifiuto; offrono a buon mercato la loro vita e tutto ciò che hanno; mentre in faccia viene loro risposto no,
alle spalle sentono mormorare: DEGO!

Pascoli, quello del «nido», che tuttavia gli emigranti sono costretti ad abbandonare per la mancanza di lavoro.

134. «Dego», in inglese «dago», è appellativo spregiativo per «italiano».

XVII

165 La madre li vuol tutti alla sua mensa
i figli suoi. Qual madre è mai, che gli uni
sazia, ed a gli altri, a tanti, ai più, non
[pensa?

Siedono a lungo qua e là digiuni;
tacciono, tralasciati nel banchetto
170 patrio, come bastardi, ombre, nessuni:

guardano intorno, e quindi sé nel petto,
sentono su la lingua arida il sale
delle lagrime; infine, a capo eretto,

escono, poi fuggono, poi: — Sii male... —

XVIII

175 Non maledite! Vostra madre piange
su voi, che ai salci sospendete i gravi
picconi, in riva all'Obi, al Congo, al
[Gange.

Ma d'ogni terra, ove è sudor di schiavi,
di sottoterra ove è stridor di denti,
180 dal ponte ingombro delle nere navi ,

vi chiamerà l'antica madre, o genti,
in una sfolgorante alba che viene,
con un suo grande ululo ai quattro venti

fatto balzare dalle sue sirene.

XIX

185 Non piangere, *poor Molly!* Esci, fa' piano,
lascia la nonna lì sotto il lenzuolo
di tela grossa ch'ella fece a mano.

165-174. In questi versi il Pascoli immagina i sentimenti che gli emigranti sentono verso il proprio paese. Essi lo amano ma allo stesso tempo lo maledicono per come li ha trattati.

175-184. Qui, invece, il poeta invita gli emigranti a sperare in un'Italia migliore, dove ci sia lavoro per tutti.

XVII

La madre (l'Italia) vuole tutti i suoi figli alla sua mensa. Qual è la madre che pensa e offre il cibo solo ad alcuni e alla maggioranza non pensa?

Siedono a lungo qua e là digiuni; tacciono, dimenticati nel banchetto patrio, dimenticati come bastardi, ombre, gente di nessun conto:

si guardano intorno, e quindi, dentro di sé, nel cuore, sentono sulla lingua arida il sale delle lagrime; infine, orgogliosi,

escono, poi fuggono e poi: - Sii maledetta! -

XVIII

Non maledite! Vostra madre piange pensando a voi che all'ombra dei salici vi prendete un po' di riposo, in riva all'Obi, al Congo al Gange.

Ma da ogni terra, dove state lavorando come schiavi, dalle miniere dove per la rabbia si sente lo stridor dei denti, dal ponte ingombro delle navi da carico,
l'antica madre vi chiamerà, o genti, in un'alba risplendente di sole che verrà. L'Italia vi richiamerà con un grande grido lanciato ai quattro venti
fatto uscire dalle sirene delle fabbriche, nelle quali potrete lavorare.

XIX

Non piangere, povera Molly! Esci dalla stanza, fa piano, lascia la nonna lì sotto il lenzuolo di tela grossa che ella fece a mano.

185-194. La nonna è morta e la nipotina, come era solita fare quando la nonna era viva, si avvicina a lei portando con sé la bambola che lascia nel letto vicino a quello della nonna, quasi come se lasciasse una parte di sé. In realtà il Pascoli ha immaginato una conclusione diversa dalla realtà. Nella realtà è la bimba che muore mentre la nonna sopravvive ancora qualche anno.

> 197-198. Si chiamano «bombi» delle vespe di un tipo molto aggressivo. L'«acanto» e la «verbena» sono due generi di piante erbacee perenni.

T'amava, oh! sì! Tu ne imparavi a volo
qualche parola bella che balbetti:
190 essa da te solo quel *die, die* solo!

Lascia lì *Doll*, lasciali accosto i letti,
piccolo e grande. *Doll* è savia, e tace,
né dorme: ha gli occhi aperti e par che
                             [aspetti

che li apra l'altra, ch'ora dorme in pace.

XX

195 Prima d'andare, vieni al camposanto,
s'hai da ridire come qua si tiene.

Stridono i bombi intorno ai fior d'acanto,
ronzano l'api intorno le verbene.

E qui tra tanto sussurrìo riposa
200 la nonna cara che ti volle bene.

O *Molly*! O *Molly*! prendi su qualcosa,
prima d'andare, e portalo con te.

Non un geranio né un bocciuol di rosa,
prendi sol un NON-TI-SCORDAR-DI-ME!

205 «*Ioe,* bona cianza!...» «Ghita, state
                                   [bene!...»
«*Good bye*». «L'avete presa la ticchetta?»
«*Oh yes*». «Che barco?» «Il *Prinzessin*
                                    [*Irene*»

L'un dopo l'altro dava a *Ioe* la stretta
lunga di mano. «Salutate il tale»
210 «*Yes,* servirò». «Come partite in fretta!»

Scendean le donne in zoccoli le scale
per veder Ghita. Sopra il suo cappello

T'amava, oh! sì! Tu imparavi da lei a volo qualche parola d'italiano che adesso balbetti: la nonna ha imparato da te soltanto la parola Die*!*

Lascia lì la bambola, lascia il piccolo letto vicino a quello grande. Doll è saggia e tace, non dorme: ha gli occhi aperti e sembra che aspetti

che li apra la nonna che ora dorme in pace.

205-207. La «ticchetta» è il «*ticket*», il biglietto, e il «barco» è il piroscafo che si chiama *Prinzessin Irene*.

XX

Prima di partire, vieni al camposanto se devi raccontare come viene curato qui da noi.

Stridono le vespe intorno ai fiori d'acanto, ronzano le api intorno alle verbene.

E qui tra tutti questi piccoli rumori riposa la cara nonna che ti volle bene.

O Molly! O Molly! prendi qualcosa prima di partire e portala con te.

Non prendere un geranio e nemmeno un bocciuolo di rosa, prendi solo un non-ti-scordar-di-me.

«Ioe, buona fortuna!...» «Ghita, state bene!...» «Ciao». «L'avete preso il biglietto?» «Ma certo». «Qual è il piroscafo?» «Il Prinzessin Irene*».*

Tutti stringevano a lungo la mano a Ioe*. «Salutate il tale». «Sì, lo faremo». «Come partite in fretta!»*

Le donne con gli zoccoli da casa scendevano le scale per vedere la Ghita. Sopra al suo cappello

> 214. Sia la parola «babbo» per papà che la costruzione articolo+aggettivo possessivo troncato (apocope o troncamento)+nomi di parentela («il mi' babbo, fratello, ecc.), sono tipicamente toscani.
>
> 217. «Pur» è una congiunzione che introduce una proposizione concessiva con il verbo al gerundio. Il poeta vuole mettere in evidenza il contrasto tra la partenza degli emigranti per l'America, un evento molto tri-

c'era una fifa con aperte l'ale.

«Se vedete il mi' babbo... il mi' fratello...
215 il mi' cognato». «*Oh yes*». «Un bel
                            [passaggio
vi tocca, o Ghita. Il tempo è fermo al
                                [bello».

«*Oh yes*». Facea pur bello! Ogni villaggio
ridea nel sole sopra le colline.
Sfiorian le rose da' rosai di maggio.

220 *Sweet sweet...* era un sussurro senza fine
nel cielo azzurro. Rosea, bionda, e mesta,
Molly era in mezzo ai bimbi e alle
                                  [bambine.

Il nonno, solo, in là volgea la testa
bianca. Sonava intorno mezzodì.
225 Chiedeano i bimbi con vocìo di festa:

«Tornerai, *Molly*?.» Rispondeva:– Sì! –

c'era una pavoncella con le ali aperte.

«Se vedete mio padre... mio fratello... mio cognato...» «Oh sì». «Farete un bel viaggio, cara Ghita. Il tempo è fermo al bello».

«Oh sì». Il tempo era bello! Ogni villaggio splendeva nel sole sopra le colline. Le rose sfiorivano dai rosai di maggio.

Dolce dolce... Era un sussurro senza fine nel cielo azzurro.
Molly, rosea, bionda e malinconica, era in mezzo ai bambini e alle bambine.

Il nonno, soltanto, volgeva la testa da un'altra parte. Era quasi mezzogiorno. I bambini chiedevano con urli festosi:

«Tornerai, Molly?» Rispondeva: - Sì! -

ste, e il tempo che invece è bello e che promette di rimanere bello anche nei giorni seguenti («Il tempo è fermo al bello», verso 216), fatto questo che dovrebbe provocare un sentimento di gioia.
223-225. Tutti i bambini salutano Molly che, guarita, sta per partire. Ma il nonno volge la testa forse verso il cimitero o forse per non vedere partire la nipotina perché ciò gli provoca dolore.

I DUE FUCHI

Non è un caso che questa poesia, pubblicata per la prima volta nel 1887, venne inserita dal Pascoli nella seconda edizione di *Myricae* all'inizio del capitolo intitolato *Le pene del poeta*. Negli ultimi sei versi la poesia esprime, infatti, il dolore del poeta di fronte al pubblico che non lo comprende. Ma al di là di questo tema, tipico del Decadentismo, la poe-

6. È una domanda retorica e la risposta è, naturalmente, che il poeta non ne ricaverà niente.
6-10. I fuchi sono i maschi delle api ma qui, per metafora, sono tutti coloro che non comprendono la poesia e che criticano i poeti per la loro attività inutile. Le api

Tu, poeta, nel torbido universo
t'affisi, tu per noi lo cogli e chiudi
in lucida parola e dolce verso;

sì ch'opera è di te ciò che l'uom sente
5 tra l'ombre vane, tra gli spettri nudi.
Or qual n'hai grazia tu presso la gente?

Due fuchi udii ronzare sotto un moro.
Fanno queste api quel lor miele (il primo
diceva) e niente più: beate loro!
10 E l'altro: E poi fa afa: troppo timo!

sia si sofferma sull'attività e la funzione del poeta, il quale dapprima penetra nel caos e nei misteri della vita, poi la afferra e definisce attraverso la razionalità del linguaggio e il sentimento della poesia ed infine crea un'opera piena di umanità in contrasto con ciò che l'uomo comune sente come una minaccia.

*Tu, poeta, guardi fisso nel caotico universo
e per noi, gente comune, lo interpreti e lo riduci
ad un ordine coerente con la luce dell'intelletto
e la dolcezza della poesia;
così tu crei un'opera di sentimento umano da
ciò che gli uomini sentono tra incubi, sterili passioni e angosce. Quale tipo di ricompensa e gratitudine ne ricavi presso la gente?
Sentii ronzare due fuchi sotto un gelso. Il primo
diceva: «Queste api fanno quel loro miele e
niente altro: beate loro!» E l'altro: «Ed è un
miele che da la nausea perché troppo dolce e
aromatico!»*

sono, sempre metaforicamente, i poeti e il miele è la poesia che essi producono. Sono da notare i due aggettivi «quel» e «loro», prima di «miele», poiché, così usati, assumono valore dispregiativo e evidenziano la presunzione e l'arroganza dei due fuchi.

IL CACCIATORE

Come *I due fuchi* questa poesia la troviamo nel capitolo intitolato *Le pene del poeta*, nella raccolta *Myricae*. Il tema riguarda sempre la funzione e missione del poeta. Sia ne *I due fuchi* che ne *Il cacciatore* il poeta è visto come una vittima; ma qui il Pascoli anziché soffermarsi sui rapporti del poeta con gli uomini si sofferma sul rapporto del poeta con sé stesso. L'insoddisfazione questa volta non è data dal fatto che gli uomini non

1-3. L'allegoria è chiara: il cacciatore-poeta vede l'idea che come una rondine si alza in cielo rapidamente. Notate il rapporto fra i sentimenti del poeta che creano uno stato di euforia interna («il cuor dentro gli nuota»), e la staticità con cui vengono presentati i singoli particolari.

Frulla un tratto l'idea nell'aria immota;
canta nel cielo. Il cacciator la vede,
l'ode; la segue: il cuor dentro gli nuota.

Se poi col dardo, come fil di sole
5 lucido e retto, bàttesela al piede,
oh il poeta! gioiva; ora si duole.

Deh! gola d'oro e occhi di berilli,
piccoletta del cielo alto sirena,
ecco, tu più non voli, più non brilli,
10 più non canti: e non basti alla mia cena.

UN TESTO PARALLELO

Ma chi è veramente il poeta? Il Pascoli dà una risposta a questa domanda nel suo celebre discorso di poetica, Il fanciullino, *i cui primi capitoli furono pubblicati nel 1897. Riportiamo qui alcuni passi fra i più significativi.*
È dentro di noi un fanciullino che non solo ha brividi (...), ma lagrime ancora e tripudi[1] suoi. (...) Senza lui non solo non vedremmo tante cose a cui non badiamo per solito[2], ma non potremmo nemmeno pensarle e ridirle (...). Egli scopre nelle cose le somiglianze e relazioni più ingegno-

riconoscono al poeta di svolgere una funzione utile, ma dal fatto che la gioia che il poeta prova quando ha l'ispirazione si trasforma in tristezza e quindi viene negata nel momento in cui si concretizza sulla pagina. Ma proprio questa negazione spinge il poeta ad una continua ricerca nel tentativo di soddisfare il desiderio di conoscenza e bellezza («e non basti alla mia cena»).

Improvvisamente un'idea si muove nell'aria
immobile; canta nel cielo. Il poeta
la vede, la sente, la segue e trova l'ispirazione.

Se poi col verso, come un raggio di sole
chiaro e diretto, la fissa sulla carta,
la gioia di prima si trasforma in tristezza.

Oh! idea tu sei come una sirena, piccola,
alta nel cielo, con il tuo canto incantatore
e i tuoi occhi verdi e splendenti, ma ecco,
adesso, non voli più, né brilli, né canti:
e non basti più al mio desiderio di conoscenza.

4-10. Il poeta prova un senso di delusione e tristezza dopo aver fissato l'idea. Il Pascoli chiama «idea» l'emozione e ispirazione del poeta quasi a sottolineare che i poeti non sono solo poeti ma anche pensatori.

se. Egli adatta il nome della cosa più grande alla più piccola, e al contrario. (...) A costituire il poeta vale infinitamente più il suo sentimento e la sua visione, che il modo col quale agli altri trasmette l'uno e l'altra. (...) Il poeta è colui che esprime la parola che tutti avevano sulle labbra e che nessuno avrebbe detta. (...) La poesia consiste nella visione d'un particolare inavvertito, fuori e dentro di noi.

1 *Tripudio*: manifestazione vivace di gioia.
2 *... a cui non badiamo per solito...* : di cui non ci preoccupiamo di solito.

GIOVANNI PASCOLI: LA VITA

Giovanni Pascoli fu il quarto degli otto figli di Caterina Vincenzi Alloccatelli e di Ruggero Pascoli e nacque il 31 dicembre 1855 a San Mauro di Romagna. Nel 1862 la famiglia si trasferì vicino Cesena, nella grande tenuta La Torre dei principi Torlonia, dove il padre era amministratore.
Il 10 agosto 1867, giorno di San Lorenzo, accadde l'evento che segnò in modo determinante la fanciullezza e la vita futura del Pascoli: il padre fu assassinato da ignoti mentre stava tornando a casa dal mercato di Cesena.
Si pensa che le ragioni dell'omicidio riguardassero questioni di rivalità legate al posto che il padre occupava nella tenuta.
Sebbene la voce pubblica avesse fatto i nomi degli esecutori e del mandante, l'assassinio rimase impunito sia prima che dopo la morte del poeta. Ma le sventure della famiglia Pascoli non si conclusero con la tragica morte del padre. Nel giro di pochi anni, infatti, nella casa materna di San Mauro, dove la famiglia si era di nuovo trasferita, morirono la sorella primogenita Margherita, la madre e il fratello Luigi. Più tardi, nel 1876 morirà a Rimini anche il fratello Giacomo.
Al momento dell'uccisione del padre, Giovanni con i fratelli Giacomo e Luigi si trovava a Urbino, ospite, già dal 1862, presso il collegio dei Padri Scolopi dove rimase fino al 1871 e dove avrebbe terminato gli studi elementari e ginnasiali. Gli anni di Urbino rappresentano una fase importante della formazione culturale del giovane Pascoli. A Urbino iniziò infatti ad approfondire lo studio del latino e del greco e sempre a Urbino pubblicò la sua prima poesia, *Il pianto dei compagni*, nel dicembre 1869, dopo la morte dell'amico Pirro Viviani.

Nel 1873, dopo aver superato gli esami di licenza liceale, ottenne una borsa di studio per l'Università di Bologna dove s'iscrisse alla facoltà di Lettere che frequentò per due anni con grande passione. Ma durante il secondo anno, come racconta la sorella Maria, «perse il suo bel raccoglimento, si trovò con molti che si avvicinavano al suo modo di pensare, ai socialisti insomma, e fece alleanza con loro». Nel 1876, insieme ai compagni socialisti, partecipa ad una manifestazione universitaria contro il ministro Ruggero Bonghi e per questo gli viene tolta la borsa di studio, necessaria al suo mantenimento. Nello stesso anno muore il fratello Giacomo.
L'avvicinamento del Pascoli alle idee socialiste e, più tardi, anarchiche, è stato interpretato da alcuni studiosi come una reazione alle tragedie di morte che si abbatterono sulla famiglia. In particolare l'omicidio del padre, rimasto impunito nonostante la ricerca disperata, da parte dello stesso poeta, di prove che potessero incastrare gli assassini, provocò in lui una disperata sete di giustizia sociale.
In questo periodo di gravi difficoltà economiche conosce Andrea Costa, capo del movimento anarchico romagnolo, e partecipa attivamente all'opera di propaganda del movimento operaio internazionalista. Ma dal 1879, in seguito a manifestazioni in favore dell'anarchico Passannante, reo dell'attentato contro Umberto I, viene arrestato. Al termine del processo viene prosciolto con formula piena. Ma l'esperienza del carcere mutò notevolmente il suo animo e le sue idee.
Si ritirò completamente dalla politica attiva ed iniziò ad elaborare quelle idee e quei sentimenti che costituiranno una fonte inesauribile di ispirazione per le sue poesie: l'amore fra gli uomini, unico conforto al loro terribile ed oscuro destino, la morte; l'ideale del «nido» domestico, in cui ritrovare la quiete e l'intimità degli affetti.
Nel 1882 si laureò e intraprese la carriera dell'insegnamento. Insegnò latino e greco nei licei di Matera,

Massa e Livorno, poi dal 1898 al 1902 fu professore di letteratura latina all'Università di Messina, dal 1903 al 1905 di grammatica greca e latina all'Università di Pisa e, infine, nel 1906 successe al poeta Carducci nella cattedra di letteratura italiana all'Università di Bologna.

Ai primi di febbraio del 1912, mentre trascorreva un periodo di vacanze a Castelvecchio di Barga, fu colpito dai primi sintomi del male di cui di lì a poco tempo morirà. Trasportato nella sua casa a Bologna, i dottori diagnosticarono un tumore maligno al fegato. Ed infatti in poco tempo il male peggiorò e il 6 aprile il Pascoli morì assistito dalla fedelissima sorella Maria.

Un ritratto di Maria, la cara sorella che dedicò l'intera esistenza a Giovanni Pascoli, assistendolo amorevolmente fino alla morte, nel 1912

Giovanni Pascoli: l'opera

Ben sette poesie su undici presenti in questa edizione sono tratte dalla raccolta intitolata *Myricae*, la cui prima pubblicazione è del 1891 e quella definitiva del 1900. Ma la produzione poetica del Pascoli fu molto ampia. Sono da ricordare i *Primi Poemetti* (1904) e i *Nuovi poemetti* (1909), i *Canti di Castelvecchio* (1903), i *Poemi conviviali* (1904), *Odi e Inni* (1906) e i *Carmina*, poemetti in latino con cui il Pascoli vinse più volte il concorso di poesia latina di Amsterdam.
Tuttavia è proprio nelle *Myricae* che possiamo trovare i temi più cari al Pascoli e ai quali la sensibilità moderna meglio può avvicinarsi.
Le «myricae», parola latina che Pascoli riprende da Virgilio, sono le tamerici, piccole piante sempre verdi che alludono ad una poesia umile, legata alle piccole cose e alla vita della campagna. Il titolo in latino e ciò che il titolo vuole simboleggiare rivelano la presenza in Pascoli sia della continuità con il passato che di un nuovo modo di fare poesia. Quest'ultimo appare evidente, oltre che nell'uso di un linguaggio simbolico, negli sperimentalismi linguistici che troviamo in un testo come *Italy*.
Il mondo che troviamo nell'opera di Giovanni Pascoli è dunque essenzialmente il mondo dell'uomo che vive in campagna. Un mondo fatto di cose umili che tuttavia nascondono qualcosa di speciale che solo il poeta può rivelare.
Il poeta, afferma Pascoli nel suo più importante discorso di poetica, il *Fanciullino*, è colui che è capace di far rivivere il fanciullo che potenzialmente è presente in ogni uomo. Rivelare il vero significato delle piccole cose è privilegio e, allo stesso tempo, compito del poeta.
La natura, la campagna, il mondo contadino, il «ni-

do-famiglia» come simbolo di pace e serenità, tutti temi cari al Pascoli, vengono così a rappresentare un mondo in cui rifugiarsi di fronte ai grandi problemi sociali e politici e al problema del mistero della vita e della morte.

PREFAZIONE AI *NUOVI POEMETTI*

Vi proponiamo la Prefazione alla raccolta di poesie Nuovi Poemetti *(1909) in cui è evidente da un lato l'affetto che legava Pascoli ai suoi alunni e dall'altro il rapporto che, secondo il poeta, esiste fra l'esercizio della poesia e quello della scuola.*

A voi, che mi conoscete. A voi, ai quali non avrò sempre mostrato molto ingegno e assai dottrina, ma animo onesto uguale sincero sì, sempre. A voi, ai quali non credo aver dato mai esempi di presunzione e di ambizione, di malevolenza e di maldicenza. A voi, infine, ai quali io devo molto più che non diedi.
Perché vi devo l'abitudine di supporre sempre avanti me che scrivo, come ho avanti me che parlo, anime giovanili, che è dovere e religione non abbassare, raffreddare, violare.
Così voi mi avete beneficiato.
Così io sono lieto d'aver unito alla divina poesia l'esercizio umano che più con la poesia si accorda: la scuola.

Bologna, 24 giugno 1909

INDICE

pag. 3 Introduzione

4 Romagna
10 X Agosto
14 Arano
16 Lavandare
18 Novembre
20 I due fanciulli
26 Il gelsomino notturno
30 Italy
48 I due fuchi
50 Il cacciatore

52 Giovanni Pascoli: la vita
55 Giovanni Pascoli: l'opera

L'italiano per stranieri

Amato
Mondo italiano
testi autentici sulla realtà sociale
  e culturale italiana
libro dello studente
quaderno degli esercizi

Ambroso e Stefancich
Parole
10 percorsi nel lessico italiano
esercizi guidati

Avitabile
Italian for the English-speaking

Battaglia
Grammatica italiana per stranieri

Battaglia
**Gramática italiana para
  estudiantes de habla española**

Battaglia
Leggiamo e conversiamo
letture italiane con esercizi
  per la conversazione

Battaglia e Varsi
Parole e immagini
corso elementare di lingua italiana
  per principianti

Bettoni e Vicentini
Imparare dal vivo**
lezioni di italiano - livello avanzato
manuale per l'allievo
chiavi per gli esercizi

Buttaroni
Letteratura al naturale
autori italiani contemporanei con attività di analisi linguistica

Cherubini
L'italiano per gli affari
corso comunicativo di lingua
  e cultura aziendale
manuale di lavoro
1 audiocassetta

Diadori
Senza parole
100 gesti degli italiani

Gruppo META
Uno
corso comunicativo di italiano per
  stranieri - primo livello
libro dello studente
libro degli esercizi e sintesi
  di grammatica
guida per l'insegnante
3 audiocassette

Gruppo META
Due
corso comunicativo di italiano per
  stranieri - secondo livello
libro dello studente
libro degli esercizi e sintesi
  di grammatica
guida per l'insegnante
4 audiocassette

Gruppo NAVILE
Dire, fare, capire
l'italiano come seconda lingua
libro dello studente
guida per l'insegnante
1 audiocassetta

Humphris, Luzi Catizone, Urbani
Comunicare meglio
corso di italiano - livello intermedio-
  avanzato
manuale per l'allievo
manuale per l'insegnante
4 audiocassette

Istruzioni per l'uso dell'italiano in classe 1
88 suggerimenti didattici per attività comunicative

Istruzioni per l'uso dell'italiano in classe 2
111 suggerimenti didattici per attività comunicative

Maffei e Spagnesi
Ascoltami!
22 situazioni comunicative
manuale di lavoro
1 audiocassetta

Marmini e Vicentini
Imparare dal vivo*
lezioni di italiano - livello intermedio
manuale per l'allievo
chiavi per gli esercizi

Marmini e Vicentini
Ascoltare dal vivo
manuale di ascolto - livello intermedio
quaderno dello studente
libro dell'insegnante
3 audiocassette

Paganini
ìssimo
quaderno di scrittura - livello avanzato

Radicchi e Mezzedimi
Corso di lingua italiana
livello elementare
manuale per l'allievo
1 audiocassetta

Radicchi
Corso di lingua italiana
livello intermedio

Radicchi
In Italia
modi di dire ed espressioni idiomatiche

Spagnesi
Dizionario dell'economia e della finanza

Totaro e Zanardi
Quintetto italiano
approccio tematico multimediale
 livello avanzato
libro dello studente
quaderno degli esercizi
2 audiocassette
1 videocassetta

Urbani
Senta, scusi...
programma di comprensione auditiva
 con spunti di produzione libera
 orale
manuale di lavoro
1 audiocassetta

Urbani
Le forme del verbo italiano

Verri Menzel
La bottega dell'italiano
antologia di scrittori italiani
 del Novecento

Vicentini e Zanardi
Tanto per parlare
materiale per la conversazione -
 livello medio avanzato
libro dello studente
libro dell'insegnante

Bonacci editore

Classici italiani per stranieri
testi con parafrasi* a fronte e note

1. Leopardi • **Poesie***
2. Boccaccio • **Cinque novelle***
3. Machiavelli • **Il principe***
4. Foscolo • **Sepolcri e sonetti***
5. Pirandello • **Così è (se vi pare)**
6. D'Annunzio • **Poesie***
7. D'Annunzio • **Novelle**
8. Verga • **Novelle**
9. Pascoli • **Poesie***
10. Manzoni • **Inni, odi e cori***

in preparazione:
Petrarca • **Poesie***
Dante • **Inferno***
Dante • **Purgatorio***
Dante • **Paradiso***

Libretti d'opera per stranieri
testi con parafrasi a fronte e note

1. **La traviata**
2. **Cavalleria rusticana**
3. **Rigoletto**

in preparazione:
La Bohème
Il barbiere di Siviglia

Bonacci editore

Linguaggi settoriali

Dica 33
Il linguaggio della medicina
libro dello studente
guida per l'insegnante
1 audiocassetta

L'arte del costruire
libro dello studente
guida per l'insegnante

Una lingua in Pretura
Il linguaggio del diritto
libro dello studente
guida per l'insegnante
1 audiocassetta

I libri dell'arco

1. Balboni • **Didattica dell'italiano a stranieri**
2. Diadori • **L'italiano televisivo**
3. Micheli (cur.) • **Test d'ingresso di italiano per stranieri**
4. Benucci • **La grammatica nell'insegnamento dell'italiano a stranieri**
5. AA.VV. • **Curricolo d'italiano per stranieri**

Università per Stranieri di Siena – Bonacci editore

Finito di stampare nel mese di gennaio 1996
dalla Tibergraph s.r.l. – Città di Castello (PG)